AF397237

Kustantaja: BoD - Books on Demand,
Helsinki, Suomi

Valmistaja: BoD - Books on Demand,
Norderstedt, Saksa

ISBN: 978-952-80-7171-6

KERROSTALOT

ISÄ POIKA JA PYHÄ HENKI

RUNOJA

LÄHIÖ

Lapsuuden kotitalo purettiin

ja näin ollen siitä tuli
paikka joka ei katoa

Miksi kaivata sinne jossa on.

Jokaisessa kerrostalossa on
kellari
Dostojevskin loukko
Sinne on sullottu kaikki
mitä kuvittelemme joskus
tarvitsevamme mutta emme
koskaan tarvitse.

Yläkerrasta kuuluu musiikkia
Sama kappale toistuu yhä uudelleen
Kunnes parvekkeelle laskeutuu ufo
tai jokin sellainen
jota ei osaa selittää
mutta haluaisi.

Pois muuttavat jättävät taakseen
tyhjiä huoneita
aavistamatta että
olemme jo niitä.

Vanhus kuoli kotiinsa
Mätänevän ruumiin haju levisi
rappukäytävään jonka perusteella
poliisit soitettiin paikalle
Kerrostaloonkin voi kuolla yksin
Posteljoonin huomaamatta.

Rakensin kivistä tornia
monumenttia
niin korkealle en vajoa
matalalle yllä
Rakensin itsestäni suurempaa
merkkimiestä
Hioin runoa
ikään kuin se olisi
saatava valmiiksi
sellaiseksi kuin valmiit
ovat
niitä korjaa koko ajan
tai niihin laittaa jotain lisää
Jotain meille kuulumatonta.

Kellarissa impattiin liimaa
mopojen tankeista bensaa
Ensimmäisen kerroksen
parvekkeelle juopot
kömpivät sateensuojaan
Hissi jää jatkuvasti jumiin
Kerrostaloissa asuu
monikerroksellisia ihmisiä.

Vuokranantaja
ilmoitti eristeiden pitävän
mutta lapsivesi tuli läpi.

Rapussa maleksijoita
alettiin kutsua nimellä
vika-ilmoitukset.

Kerhotiloissa menetin neitsyyteni.

Tiiliseinään joku oli

kirjoittanut tussilla:

Nina on Hot.

Poikaystävä yritti

kertoa pesutuvassa

tunteistaan

Sillä oli mukana

isältä vohkittu

koskenkorvapullo.

Kuuluu
naapureiden riitaa
koiran ulvontaa
lapsen itkua
pölynimuri
rappusiivoojan viheltelyä.

Stenkka oli mädäntynyt
kotiinsa
Vänä piti nuorisolle kuria.

Ikkunasta näkyi päiväkoti
Sitten Jehovien kirkko
Bussipysäkki
Alku ja loppu samalla
kadulla.

Anitalla oli monta
miestä.

En saa unta

24

Sellaisiksi levollisiksi uniksi tulevat vain ne
joilla ei ole aikomuskaan toisistaan päättyä.

Löysin Jeesuksen
pultsarikämpästä
elämän Alepasta.

Välinpitämättömyys pyryttää
helmikuisena aamuna bussipysäkillä.

26

Seison yöllä bussipysäkillä juovuksissa
Isä ja äiti
kotona huolissaan.

Ikkunasta näen pikkutuntien
mölyävän saattueen
joista yksi on se jonka
osa onnesta putoaa taskusta.

Ei mitään tekemistä
Täytyy yrittää keksiä
savesta kivestä Jumalasta.

Tarja jäi junan alle
Juna jatkoi matkaansa
Ihmiset videokuvasivat
puhelimillaan tapahtumaa.

Täällä puhutaan

kuuroille korville

Kaikki tanssivat
Kaikki.

OSTARI

Ostari on Suomalainen sielunmaisema:
Kapakan edessä koira kytkettynä
pyörätelineeseen.

Lapsi lähetetty lähikauppaan
Ostoslistassa:
Isille kaljaa
Äidille tupakkaa
Anna tää lappu kassalle
Saat pitää loput
äiti lupasi.

Pubin narikassa lapsi
talvihaalarit päällä
tutti suussa
Portsari tuo limsaa
Äiti laulaa vielä yhden biisin
sitten lähdetään kotiin
Vielä yksi jooko.

Bulgarialaiset kauppaavat
pubin edessä skoottereita
matkapuhelimia ja viinaa
Humalaisilla on aina rahaa
ja aina sitä voi pyytää lainaksi:
-Saan työmarkkinatuen ens
viikolla
Kukaan ei tee töitä
Annikki sylkäisee Mikaa kasvoille
Kepa tulee ulos oksentamaan
Emme tavoittele onnellisuutta
vaan myötätuntoa
Vessan peilistä katsoa
kuka kusee.

Sirpa on varma poka
Se on käynyt kahteen kertaan
läpi tän pubin miehet
Katulampun valossa
yön puremat.

Hoitojonot ovat liian pitkiä
Taas yksi joka
kävelee lumista katua
paljain jaloin.

Kolmas työtön sukupolvi
Ei mitenkään harvinaista täällä
Lähikaupasta ostetaan eniten
sätkätupakkaa
käydään Hurstin jonossa
Se on lapsille mieluinen päivä.

Poliisipartiot herättävät turvattomuutta
Kenelläkään ei tunnu olevan
onnellista tarinaa kerrottavana
Täällä harrastetaan laulamista
ja kävelyä
Ne ovat ilmaisia
Tyypillinen ruoka
Makaronia ketsupilla
Kalja ja Amfetamiini
pitävät pään sekaisin
Eivät he arkea muuten kestäisi
Keski-ikä on neljäkymmentä
Elämän ja kuoleman välissä.

Lähiöiden hymni:
Autohälytin
Ikuinen lainakierre
naapuri tietää
Todellisuus on kaipuuta
Kotiviiniä myydään velaksi
Katso miten suru
kovettuu rikokseksi
Katso miten köyhyys
työntää lapset kotoa
alati kasvaviin
nuorisojengeihin
Tahdot ikkunan
josta näkyy että
kaikki on hyvin.

Ambulanssi haki Mielosen
Se oli vetänyt lakkaa
nähnyt jumalan
Sama kundi
joka osti akvaarioliikkeestä
kaloja ja päästi ne mereen.

Kun lehtiroskiksesta ei
löydy edes edellisen päivän
lehtiä
Eletään aina mennyttä viikkoa.

Kaksivuotias sai
seurakunnalta lahjaksi
Matchbox-auton ja
ajoi sillä suoraan
todellisuuteen
Kaksivuotiaana
se täytti kymmenen.

Ei äänestetä kun ei
meistä välitetä
Elämä ei muutu
Se elämä joka itse
pitäisi muuttaa mutta
muiden ehdoilla
Sillan alla betonirakenteissa
spraymaalattu teksti
jossa nykyistä Presidenttiä
kehotetaan vetämään käteen.

SOTA

Kun Jumala on
ainut toivo
Miten Jeesuksen kuolema
meitä auttoi?
Ruudin haju

Olet yksin.

Pommisuojassa
viemäritunneleissa
sijaitsee synnyttäjien osasto
Kauanko sota jatkuu?
Äidit eivät tahdo uhrata
syntyviä lapsia sotilaiksi
He pidättäytyvät seksistä
He kieltävät himonsa
naiseutensa
kohtunsa
kaiken he kieltävät.

Ihmisjoukon hirvittävä huuto
ilmahyökkäyksestä varoittava
sireenin ulvonta
Ei koske meitä sanoo
varakas pulska nimismies
kaukana toisaalla
luotien ulottumattomissa
Hänen kelpaa
Hän ei hautaa nuorta sisartaan
Hän ei pidä kuollutta lasta sylissä
Hän ei näe miten sotilaat ottavat
väkisin hysteerisen vaimon
ja pakottavat
miehen katsomaan tätä raakuutta
Ihan kaikki on tuskaa
Asemalla naiset ja lapset
odottavat junaa
Ja veljiä, serkkuja, lankoja, enoja
setiä, vaareja
he kutsuvat viholliseksi.

Mitä pahaa olen tehnyt?
Antakaa minulle ääretön
kuten jokaiselle meistä
kuuluisi
Antakaa minun tuhlata elämäni
kuten haluan
Avunhuutoja ei kuule kukaan
Kukaan ei jaksa enää välittää
Enkelit häpeävät
Mitä auttavat pakotteet
avaruuden ja meren tietämättä
mitään tästä kaikesta
On vain nyt-hetki
eikä siihen huvita tarttua.

Onko Jumala masentunut
kun sallii tämän kaiken?
Tuuli ei sitä kerro
Mutta jos Jumala on
puut järvet lehdot
Kaikki muu jää
Ihmiselle.

Sota sai ajattelemaan
uskoon turvautuneet toisin
Onko kuolema ainoa lohtu
Voisiko kohtalon sivuuttaa
Kuolema kuolla?

Haaksirikkoiset
Konteissa viikkoja viettäneet
Nälkä ja jano
Kotimaa jää orvoksi
Astua maalle jonka
puolesta muut ovat
ponnistelleet

Yhä sama ulkopuolisuus
kuin silloin merellä.

Ihmiset syövät toisiaan
Koirat ulvovat nälkäänsä
Vain ihminen
toteutumisen tiellä.

Katse etsii järveä
jossa tyyntyisi.

Lokit nukuttavat laivoja
Taas putosi tähti
ja joku toivoi
rauhaa
Ihmisen omatunto
kun odottaa kaiken
korjaantuvan itsestään.

Sota päättyy sotaan
Avunhuudot
ruudintuoksuisessa yössä
Olen täällä missä en toivo
sinun koskaan olevan
Ikuisuus on kiinnitetty
nuppineulalla
Tämä ei lopu
Se loppuu jälkeenpäin
meistä.

Hautasi
Et sinä enää siellä ole
Ja jos se aukeaisi
sieltä näkyisi isätön
rakkaudeton lapsi
Haava.

Sotilaan varjo
läikkyy maahanmuuttajan
hameelle aivan kuten
maasta paenneen pianistin
sävellys takertuisi puiden lehtiin.

Kun kalaparvesta on
tullut merimiinaparvi.

Katumus kun se piiloutuu
kranaatin lävistämän
rakennuksen taakse.

Ennen liikekannallepanoa
meidät on jo
ammuttu rikki.

Vainaja eteisessä
vainaja puiston
penkin edessä
vainaja leikkihuoneessa.
Heidät haudataan
mielestä pois
Tyhjyyteen.

Lapsi tekee ruumispussista
leijan
Vielä on toivoa.

Voittajia ei ole
On vain häviäjiä
jotka maksavat kaiken
unettomuudellaan ja
riittävän yksin.

Rovio kun humanistien
adressit palavat.

Universumin viimeisen linnun
täytyy rakentaa puuttomaan
maailmaan surusta pesä.

Vihdoin vaimenivat
pommikoneiden äänet
Voi kaikessa rauhassa
poimia kissankelloja
lämmittää saunan.

Keskellä leikkipuistoa on
iso kuoppa joka on
täynnä ruumiita
Kauppiaita sairaanhoitajia
putkimiehiä
isiä äitejä lapsia
Sotilaat virtsaavat heidän päälleen
Tätäkö me tahdomme?
Voimme heittää ensimmäisen kiven
sille puolelle elämää jossa
on tarpeeksi valoa lämpöä
Elämä olisi kuten pitäisi:
Voikukkapallopolku.

Hyvien unien edessä
piikkilanka-aita
Muuri jonka yli
ei pääse

paremmalle puolelle
itseään.

Sodat sitovat meidät
historiaan ilkeällä tavalla
mutta toivo
resonoi aina
säestäen empatian
epävireistä viulua.

Sota ei ole alkukantaista solukkoa
dna:ssa periytyvä ominaisuus
Ketjun voi kuka tahansa katkaista
kuten kukan jonka aikoo viedä
rakastamalleen
Äären toiselle laidalle.